Made in the USA
Las Vegas, NV
26 September 2021

31162659R00069